Debates en marcha

EL USO DE LA FUERZA Y LA LUCHA CONTRA LA VIOLENCIA POLICIAL

Elliott Smith

Cicely Lewis, editora ejecutiva

ediciones Lerner ◆ Mineápolis

CARTA DE CICELY LEWIS

Estimados lectores:

Inicié el proyecto fascinante de Read Woke como respuesta a las necesidades de mis alumnos. Quería que leyeran libros que cuestionaran las normas sociales, les dieran voz a quienes fueron silenciados y que pusieran en duda el estado de las cosas. ¿Alguna vez

Cicely Lewis

sentiste que te ocultaban la verdad? ¿Sentiste alguna vez que los adultos no te cuentan la historia completa por tu corta edad? Bueno, yo creo que tienes derecho a conocer los problemas que aquejan a nuestra sociedad. Creo que tienes derecho a oír la verdad.

Creé Read Woke Books en español porque quiero que ustedes sean ciudadanos informados y humanos. Pronto serán los líderes de nuestra sociedad, y necesitan contar con el conocimiento que les permita tratar a los demás con la dignidad y el respeto que se merecen. En consecuencia, ustedes pueden ser tratados con el mismo respeto.

Cuando pasen estas páginas, aprenderán cómo la historia ha marcado lo que hacemos hoy. Espero que puedan ser el cambio que ayude a que el mundo sea un mejor lugar para todos.

Cicely Lewis, editora ejecutiva

CONTENIDO

Un mural en honor a George Floyd después de su muerte en manos de la policía en Mineápolis, Minnesota, en 2020.

VERANO TRÁGICO

DURANTE LA PRIMAVERA Y EL VERANO DE 2020, LA VIOLENCIA POLICIAL EN ESTADOS UNIDOS FUE PROTAGONISTA. Varios casos resonantes de violencia policial produjeron lesiones graves y muerte. En Mineápolis, Minnesota, George Floyd murió después de que un agente de la policía sostuviera la rodilla en el cuello de Floyd durante más de siete minutos. La policía mató a Breonna Taylor en su propia casa en Louisville, Kentucky. En Kenosha, Wisconsin, Jacob Blake resultó paralizado después de que la policía le disparara varias veces por la espalda. Daniel Prude fue asesinado por la policía en Rochester, Nueva York, después de que su hermano llamara a los agentes para pedir ayuda.

Estas muertes trágicas fueron recibidas con frustración y enojo. Las personas de todo el país protestaron contra la violencia policial. Se escucharon cantos de «*Black lives matter*» de costa a costa. Las celebridades y los deportistas usaron sus plataformas para pedir justicia. Los organizadores exigieron reformas en los departamentos de policía.

Aunque los nombres de las personas que murieron serán recordados por siempre, solo son las últimas víctimas de un problema de largo alcance. La violencia policial ha sido un problema desde la fundación de los primeros departamentos de policía en el siglo XIX. Víctimas como Michael Brown y Eric Garner, cuyos asesinatos despertaron olas de protestas en 2014, son parte de esta historia trágica. Pero la mayoría de las víctimas sufre sin que nadie escuche sus historias. Los casos de mujeres negras asesinadas por la policía con frecuencia obtienen menos

Manifestantes protestan contra la violencia policial en Washington, DC en agosto de 2020.

atención de los medios. Un ejemplo es el asesinato de Alteria Woods en 2017 en manos de la policía. Woods resultó muerta en circunstancias similares a las de Taylor. Sin embargo, el nombre de Woods apareció en pocos medios de comunicación.

Solo entre 2015 y 2020, la policía mató a más de cinco mil personas. Estudios han demostrado que es unas tres veces más probable que las personas negras resulten asesinadas por la policía que las personas blancas. Y la violencia policial es uno entre los muchos problemas del sistema de justicia penal. Muchos informes muestran que las personas negras, latinas e indígenas estadounidenses tienen más probabilidades de que se las detenga, arreste y se les inicie un proceso que las personas blancas.

«Hay dos sistemas judiciales en Estados Unidos», señaló Jacob Blake Sr. después de que se disparara contra su hijo. «Hay un sistema blanco. Y hay un sistema negro. Al sistema negro no le está yendo muy bien».

Un homenaje a Breonna Taylor, que fue asesinada por la policía en Louisville, Kentucky, en 2020

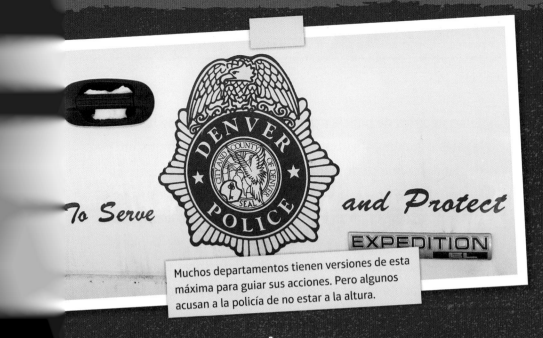

Muchos departamentos tienen versiones de esta máxima para guiar sus acciones. Pero algunos acusan a la policía de no estar a la altura.

CAPÍTULO 1

ABUSO DE PODER

LA POLICÍA TIENE LA TAREA DE PREVENIR LOS DELITOS Y LLEVAR A LAS PERSONAS ANTE LA JUSTICIA. Muchos departamentos tienen máximas que afirman el objetivo de la policía es proteger y servir. Pero la policía tiene mucho poder y no siempre lo usa con responsabilidad.

La violencia policial es el uso excesivo de fuerza contra los ciudadanos. Los tiroteos son el ejemplo más visible de la violencia policial. Pero otros ejemplos incluyen el hostigamiento, el acoso verbal, los daños a los bienes y las amenazas. Desde 2010 se ha investigado o se les han aplicado sanciones disciplinarias al menos a ochenta y cinco mil agentes por conducta indebida. Hay muchos más incidentes de conducta indebida que no se denuncian.

Los agentes de policía a veces trabajan dentro de las normas legales e igualmente abusan de su poder. Por ejemplo, no deben detener a cualquier conductor sin un motivo, pero con frecuencia tratan a los conductores negros con más sospecha. Datos que se divulgaron en 2020 mostraban que los conductores negros de Mineápolis tenían cinco veces más posibilidades de ser parados por la policía que los conductores blancos. Philando Castile fue asesinado por la policía cerca de Saint

Philando Castile fue asesinado en un control de tráfico en 2016. En todo el país, la policía hace que los conductores negros se detengan con mayor frecuencia que los blancos.

Agentes de la policía con equipo antidisturbios para controlar a los manifestantes después de la muerte de George Floyd; algunas interacciones se tornaron violentas.

Paul, Minnesota, en un control de tráfico en 2016. Los registros muestran que entre 2002 y 2016, fue parado por la policía cincuenta y dos veces.

Algunos agentes no están preparados para responder a la variedad de llamadas que reciben. Las situaciones relacionadas con enfermedades mentales, falta de hogar y las peleas entre vecinos pueden llevar a que los agentes usen fuerza innecesaria. Algunos departamentos de policía fomentan una mentalidad guerrera en sus agentes. Es probable que se les diga a los agentes que el mundo es hostil y peligroso y que con frecuencia deberán usar la fuerza para sobrevivir. Mientras tanto, es posible que no cuenten con la capacitación necesaria para neutralizar las situaciones o responder de maneras que no involucren la violencia.

¿POLICÍA O EJÉRCITO?

Las leyes federales permiten a los departamentos de policía recibir equipo militar extra de forma gratuita. En muchos lugares, los agentes no usan azul, sino que parecen soldados con prendas al estilo militar. Usan armas poderosas y vehículos blindados.

Las voces en contra señalan que una mentalidad de tiempos de guerra no ayuda al patrullaje de la comunidad. Dicen que los agentes no deberían ver a los ciudadanos como enemigos por derrotar sino como personas a las que deben proteger.

En el verano de 2020, muchos cuestionaron por qué la policía necesitaba equipo al estilo militar para controlar protestas mayormente pacíficas.

Es poco usual que se procese a agentes de la policía, o que se inicien acciones legales contra ellos. Un motivo es que es difícil probar que un agente hizo algo ilegal.

Algunas personas sienten que la policía está por encima de la ley. Los agentes suspendidos por un departamento con frecuencia pueden encontrar trabajo en otro estado. Y las investigaciones muestran que el 99 % de los agentes que mataron a alguien entre 2013 y 2019 no fueron acusados de un delito. El sistema legal protege a la policía de muchas maneras, lo que dificulta que las víctimas obtengan justicia.

CAUTION!!

COLORED PEOPLE

OF BOSTON, ONE & ALL,

You are hereby respectfully CAUTIONED and advised, to avoid conversing with the

Watchmen and Police Officers of Boston,

For since the recent ORDER OF THE MAYOR AND ALDERMEN, they are empowered to act as

KIDNAPPERS

AND

Slave Catchers,

And they have already been actually employed in KIDNAPPING, CATCHING, AND KEEPING SLAVES. Therefore, if you value your LIBERTY, and the *Welfare of the Fugitives* among you, *Shun* them in every possible manner, as so many *HOUNDS* on the track of the most unfortunate of your race.

Keep a Sharp Look Out for KIDNAPPERS, and have TOP EYE open.

Este cartel, publicado en Boston, Massachusetts allá por el año 1850, advertía a las personas negras que los agentes de la policía podían capturarlos y venderlos como esclavos.

CAPÍTULO 2
HISTORIA DE VIOLENCIA

DURANTE TODA LA HISTORIA DE EE. UU., SE HAN FORMADO GRUPOS RACISTAS PARA INTIMIDAR Y CONTROLAR A LAS PERSONAS DE COLOR. Esta historia ha llevado a que muchas comunidades desconfíen de la policía.

Los colonizadores en las primeras colonias de Nueva Inglaterra nombraron guardias para controlar a los indígenas americanos. Desde al menos 1704, las patrullas capturaron y castigaron a las personas esclavizadas que intentaban escapar de sus esclavizadores. Después de la Guerra Civil (1861–1865), se formaron grupos justicieros que actuaban como la policía y provocaban miedo y maltrataban a las personas de color.

La primera fuerza policial se creó en Boston, Massachusetts con fondos públicos en 1838. Para fines de la década de 1880, la mayoría de las ciudades estadounidenses principales tenían una fuerza policial. Quienes ostentaban el poder rápidamente comenzaron a usar estos departamentos de policía para controlar el descontento laboral. A fines del siglo XIX y principios del XX, muchos trabajadores hicieron huelga y usaron otras estrategias para demandar mejores condiciones laborales. Los propietarios de empresas con frecuencia recurrían a la policía para detener estos levantamientos. La violencia policial produjo al menos treinta muertes en la huelga de Pullman en 1894 en Chicago, Illinois, y veinte en la masacre de Hanapepe en 1924 en Hawái.

Después de la Reconstrucción (1865–1877), se crearon las leyes de Jim Crow para atacar a las personas negras,

Un hombre entra a un cine segregado en Mississippi en 1939. Con frecuencia se llamaba a la policía para hacer cumplir las injustas leyes de Jim Crow.

PARA REFLEXIONAR

¿Alguna vez tuviste miedo a la policía? Si no es así, ¿puedes comprender por qué alguien podría tenerle miedo?

deshumanizarlas y limitar sus derechos. Estas leyes se mantuvieron hasta bien entrado el siglo XX. Cuando las personas negras violaban estas leyes, se llamaba a la policía, lo que creaba situaciones en las que el abuso tenía una cobertura legal.

En la década de 1960, los líderes de los derechos civiles lucharon sin descanso para ponerle fin a la violencia policial. En los periódicos aparecían imágenes de policías atacando a manifestantes no violentos con bastones, mangueras de agua y perros. En 1967 los residentes de Newark, Nueva Jersey,

Un agente de la policía escolta a manifestantes por los derechos civiles a la cárcel en Selma, Alabama, en 1965. La policía con frecuencia usaba acusaciones intrascendentes, como desfilar sin licencia, para controlar a los manifestantes.

Martin Luther King Jr. (*al frente*) y Ralph Abernathy son alejados por la policía en Birmingham, Alabama, en 1963.

se embarcaron en cuatro días de disturbios después de que la policía golpeara a un taxista negro durante un control de tráfico. La violencia policial también originó disturbios en Detroit, Michigan y Los Ángeles, California, y dejo a esas ciudades en llamas.

«Están quienes que les preguntan a los defensores de los derechos civiles: "¿Cuándo estarán satisfechos?"», pronunció Martin Luther King Jr. en su discurso *Tengo un sueño*. «No podemos estar satisfechos mientras las personas negras sean víctimas de los horrores inefables de la violencia policial».

«Las personas negras en Estados Unidos estamos aterradas. Hombres negros, mujeres negras, niños y niñas negros, tenemos terror».

LeBron James, estrella de Los Angeles Lakers

Los manifestantes denuncian la absolución de cuatro agentes que golpearon a Rodney King en Los Ángeles en 1991.

CAPÍTULO 3
A LA VISTA DE TODOS

EN MARZO DE 1991, LOS ESTADOUNIDENSES PUDIERON OBSERVAR MÁS DE CERCA A LA VIOLENCIA POLICIAL. Una grabación en video mostraba a agentes de la policía de Los Ángeles golpeando con crueldad a un conductor que habían detenido. El conductor, Rodney King, había cumplido las instrucciones del agente, pero igualmente lo agredieron. El incidente puso el foco en la violencia policial de una manera novedosa. La tecnología moderna facilitaba que los ciudadanos comunes capturaran el abuso policial y se lo mostraran al público.

Desde entonces, las personas han usado cámaras de video y teléfonos celulares para probar que las conductas indebidas de la policía suceden en tiempo real. Muchos incidentes no se hubieran denunciado nunca o no se hubiera creído que sucedieron sin las pruebas en video. Más recientemente, los usuarios de teléfonos pueden acceder a aplicaciones que graban los controles de tráfico y otras interacciones con la policía.

Los departamentos de policía también están usando la tecnología de maneras nuevas. Muchos departamentos exigen que los agentes usen cámaras para el cuerpo. Estas cámaras están diseñadas para grabar las interacciones con los ciudadanos. En teoría, hacen que la policía pueda responsabilizarse de sus actos. La grabación de las cámaras se utiliza en las investigaciones posteriores a los incidentes. Pero cuando hay disponible una grabación de una cámara para el cuerpo, solo se hace pública un 40 % de las veces. Eso significa que las acciones deficientes de la policía con frecuencia no son detectadas.

Daniel Prude, un hombre negro, fue asesinado por la policía en Rochester, Nueva York, en marzo de 2020. La divulgación posterior de la grabación de la cámara para el cuerpo ayudó a contar la

«Los videos pintan una historia dentro de una cultura en la que una gran parte de la gente ha sido entrenada para no creer en las personas negras».

Rashad Robinson, presidente de Color of Change, una organización por la justicia racial

Una cámara para el cuerpo colocada en un agente de la policía de Los Ángeles.

historia completa del encuentro. También ocasionó que el alcalde de Rochester despidiera al jefe de la policía de la ciudad.

La mayor parte de las veces, sin embargo, la grabación de un testigo no ocasiona que los agentes de la policía sean arrestados o despedidos. Los agentes que golpearon a Rodney King fueron absueltos de las acusaciones, lo que llevó a los disturbios en LA de 1992. Hay estudios que han demostrado que las cámaras no hacen mucho por reducir la fuerza excesiva. Pero las grabaciones cumplen un propósito. Los abusos capturados por las cámaras inspiraron los movimientos de protesta más importantes del mundo. Se espera que la justicia haga su parte.

Una marcha de Black Lives Matter en Nashville, Tennessee, en 2020

CAPÍTULO 4
DEMANDAR UN CAMBIO

LOS ACONTECIMIENTOS DE 2020 HICIERON QUE LOS PEDIDOS DE JUSTICIA SOCIAL Y EL FINAL DE LA VIOLENCIA POLICIAL SE HICIERAN MÁS FUERTES. Niños de todas las edades se unieron a sus padres en las marchas y protestas de Black Lives Matter. «Los adultos deben enseñar a los niños a no permanecer nunca en silencio ante ninguna forma de injusticia», razonó Melvina Williams. Ella organizó la manifestación familiar Justice for George en Filadelfia.

Los deportistas profesionales, especialmente los jugadores de baloncesto, se han expresado con franqueza sobre la justicia social. Los Milwaukee Bucks boicotearon un juego de las eliminatorias para sensibilizar al público sobre la violencia policial. Su acción

PARA REFLEXIONAR

¿Qué pasos tomarías para garantizar que la policía mantenga la seguridad de las personas?

dio lugar a una oleada de cancelaciones en todos los deportes profesionales. «No queremos seguir jugando y olvidarnos lo que está pasando en el mundo exterior, porque nos afecta», afirmó el jugador de Boston Celtics Jayson Tatum.

El activismo también ha dado lugar a cambios legales que reducen parte del poder de la policía. Después del asesinato de Breonna Taylor, los senadores presentaron una ley federal para ponerle fin a las órdenes de allanamiento sorpresa. Estas órdenes de allanamiento permiten a la policía entrar en las casas de las personas sin anunciarse.

Colin Kaepernick (*derecha*) se arrodilla con su compañero de equipo de San Francisco 49ers Eric Reid durante el himno nacional en 2016 para protestar contra la violencia policial.

DESFINANCIAR A LA POLICÍA

En 2020, la idea de desfinanciar a la policía cobró ímpetu como solución de reforma. Pero los activistas no llegan a un acuerdo en cuanto a qué significa desfinanciar. Muchos plantean que la frase significa desviar el dinero que va a los departamentos de policía hacia otros organismos y servicios gubernamentales en su lugar. Nueve de cada diez llamadas a la policía se relacionan con la salud mental, las adicciones u otros asuntos que no incluyen violencia. Que personas capacitadas en esos asuntos sean quienes respondan en lugar de la policía podría reducir los conflictos.

En muchas ciudades de Estados Unidos, los presupuestos para los departamentos de policía se elevan muy por encima de los de servicios sociales que tratan las crisis de salud mental, las adicciones a las drogas y otros problemas.

En el verano de 2020, muchas legislaturas estatales se movilizaron para prohibir que la policía pueda sostener a las personas con la rodilla en el cuello. Así es como sostuvo el agente de Mineápolis a George Floyd. La mayoría de los departamentos desaconseja este movimiento, pero los agentes lo siguen usando.

Otras reformas se centran en las normas laborales. No hay requerimientos universales para convertirse en agente de la policía. En algunos estados, convertirse en peluquero

La capacitación policial fue un área en la que los activistas pidieron reformas en 2020.

Manifestantes de Black Lives Matter marchan en Washington, DC, en 2020.

requiere más entrenamiento que convertirse en agente de la policía. Elevar los estándares y aumentar el salario de la policía podría atraer a candidatos con más capacidades para el trabajo.

Algunos expertos aconsejan un inicio simple de reforma policial. La policía podría disculparse durante años por los abusos y el maltrato a las comunidades de color. Ese podría ser el primer paso para reconstruir la confianza con aquellos que sienten que el sistema está roto de manera permanente.

MANOS A LA OBRA

Considera algunas maneras de poner manos a la obra contra la violencia policial.

Infórmate sobre Black Lives Matter aquí: https://blacklivesmatter.com. Inscríbete para obtener más información, indaga sobre la sede local o, con la ayuda de un adulto, dona a la causa o compra productos que tengan a la venta.

Investiga la historia de la violencia policial en Estados Unidos. Consulta la Lista de lecturas de Read Woke en la página 30, o comienza por aquí: https://kids.britannica.com /students/article/police-brutality-in-the-United-States /632497.

Inicia un club o únete a uno. Algunas escuelas tienen clubes para enseñar y aprender sobre la justicia social. Averigua si hay uno en tu escuela, o sugiérele a un docente que la escuela inicie uno.

Aprende más sobre las diferentes reformas a la policía. Campaign Zero explica varias en https://campaignzero.org /#vision.

Consigue un cartel. Una manera simple de demostrar apoyo es colocando un cartel de Black Lives Matter en tu patio, tu ventana o quizás en la puerta. Puedes comprar uno o hacer uno casero.

LÍNEA DE TIEMPO

1704: Se estableció la primera patrulla para controlar esclavos en el territorio de Carolina.

1838: Se estableció el primer departamento de policía moderno en Boston, Massachusetts.

1924: La policía mata a dieciséis trabajadores del azúcar filipinos en la masacre de Hanapepe.

1943: Policías, la mayoría fuera de servicio, apuntan y atacan a mexicanos estadounidenses y otras personas de color en los disturbios de Zoot Suit en Los Ángeles, California.

1967: La fuerza excesiva empleada por la policía desencadena disturbios en Newark, Nueva Jersey y en Detroit, Michigan.

1969: El acoso regular y una redada policial provocan los disturbios de Stonewall en la ciudad de Nueva York.

1992: La absolución de los agentes de la policía involucrados en la golpiza a Rodney King produce disturbios en Los Ángeles.

2014: Eric Garner, Michael Brown y Tamir Rice son asesinados por la policía, lo que desencadena protestas masivas.

2016: Alton Sterling y Philando Castile son asesinados por la policía.

2017: Alteria Woods es asesinada por la policía.

2020: Las muertes de Breonna Taylor y George Floyd, los disparos contra Jacob Blake y otros incidentes suscitan una serie de protestas en todo Estados Unidos.

GLOSARIO

acoso: molestar o importunar de forma repetida

boicotear: negarse a comprar, usar, asistir a un lugar o tratar con alguien

guardia: un tipo de agente policial

justiciero: una persona o grupo que controla a la gente fuera del sistema legal

legislación: la función de hacer normas

máxima: una palabra, frase u oración usada para describir el significado o punto de vista de un grupo

orden de allanamiento: permiso legal que permite a un agente hacer un arresto, hacer un registro o incautar bienes

reformar: mejorar o perfeccionar quitando las fallas

responsabilizarse: rendir cuentas y explicar las acciones o decisiones

NOTAS SOBRE LAS FUENTES

6   Associated Press, "Family of Black Man Shot by Kenosha Police, Jacob Blake, Speak at Friday's March on Washington", *Statesville (NC) Record & Landmark*, 29 de agosto de 2020, https://statesville.com/news/state-and-regional/family-of-black-man-shot-by-kenosha-police-jacob-blake-speak-at-fridays-march-on/article_f5e67057-a658-59d6-8175-e26276424a94.html.

15   Martin Luther King Jr., "'I Have a Dream' Address Delivered at the March on Washington for Jobs and Freedom", Instituto de Investigación y Educación Martin Luther King Jr. en la Universidad de Stanford, 28 de agosto de 1963, https://kinginstitute.stanford.edu/king-papers/documents/i-have-dream-address-delivered-march-washington-jobs-and-freedom.

15   Dave McMenamin, "LeBron James Says Black Community 'Terrified' of Police Conduct," *ESPN*, 25 de agosto de 2020, https://www.espn.com/nba/story/_/id/29735483/lebron-james-says-black-community-terrified-result-police-conduct.

17   Audra D. S. Burch and John Eligon, "Bystander Videos of George Floyd and Others Are Policing the Police," *New York Times*, 26 de mayo de 2020, https://www.nytimes.com/2020/05/26/us/george-floyd-minneapolis-police.html?action=click&module=RelatedLinks&pgtype=Article&login=email&auth=login-email.

19   Anna Orso, Oona Goodin-Smith y Kristen A. Graham, "Why Philly Parents Are Bringing Their Kids to Protests against Police Brutality and Racism", *Philadelphia Inquirer*, 16 de junio de 2020, https://www.inquirer.com/news/philadelphia/philadelphia-protests-black-lives-matter-george-floyd-kids-families-20200616.html.

20   Jeff Zillgitt, "Milwaukee Bucks Do Not Take Floor for NBA Playoff Game as They Protest Police Shooting of Jacob Blake", *USA Today*, 26 de agosto de 2020, https://www.usatoday.com/story/sports/nba/playoffs/2020/08/26/bucks-boycott-magic-game-to-protest-jacob-blake-shooting/5637163002/.

LISTA DE LECTURAS DE READ WOKE

Braun, Eric. *Taking Action for Civil and Political Rights*. Mineápolis: Lerner Publications, 2017.

Britannica Kids: Violencia policial en Estados Unidos https://kids.britannica.com/students/article/police-brutality -in-the-United-States/632497

Celano, Marianne, Marietta Collins y Ann Hazzard. *Something Happened in Our Town: A Child's Story about Racial Injustice*. Washington, DC: Magination, 2018.

Garcia, Laleña y Caryn Davidson. *What We Believe: A Black Lives Matter Principles Activity Book*. Nueva York: Lee & Low, 2020.

Lewis, Cicely. *Encarcelamientos masivos, hombres negros y la lucha por la justicia*. Mineápolis: Lerner Publications, 2022.

Museo Nacional de Historia y Cultura Afroamericana https://nmaahc.si.edu/learn/talking-about-race

News for Kids: Police Violence, Protests Shake US https://newsforkids.net/articles/2020/06/01/police-violence -protests-shake-us/

Rhodes, Jewell Parker. *Ghost Boys*. Nueva York: Little, Brown, 2018.

Tyner, Dr. Artika R. *Black Lives Matter: From Hashtag to the Streets*. Mineápolis: Lerner Publications, 2021.

ÍNDICE

AGRADECIMIENTOS POR LAS FOTOGRAFÍAS

Créditos de las imágenes: Lorie Shaull CC BY-SA 2.0/Wikipedia Commons, p. 4; Julian Leshay/Shutterstock.com, p. 5; Gottography/Shutterstock.com, p. 6; photo-denver/Shutterstock.com, p. 7; AP Photo/Jim Mone, p. 8; Olga Enger/Shutterstock.com, p. 9; Raymond Richards/Shutterstock.com, p. 10; Fibonacci Blue CC BY 2.0/Wikipedia Commons, p. 11; Classic Image/Alamy Stock Photo, p. 12; Library of Congress, pp. 13, 26 (arriba); AP Photo/Bill Hudson, pp. 14, 26 (abajo); AP Photo, p. 15; Hal Garb/AFP via Getty Images, p. 16; MattGush/Getty Images, p. 18; Rick3/Shutterstock.com, p. 19; AP Photo/Mike McCarn, p. 20; Fiora Watts/Shutterstock.com, p. 21; AP Photo/ Ted S. Warren, p. 22; Julian Leshay/Shutterstock.com, pp. 23, 27.

Elementos de diseño: Milano Art/Shutterstock.com; Alisara Zilch/ Shutterstock.com; Reddavebatcave/Shutterstock.com; Eric Crudup/ Shutterstock.com; New Africa/Shutterstock.com. Fernando Decillis, retratos fotográficos de Cecily Lewis.

Imagen de la portada: Militarist/Shutterstock.com.

Consultora de contenido: Joshua Page, profesor titular de sociología y derecho en la Universidad de Minnesota–Twin Cities

ediciones Lerner
Una división de Lerner Publishing Group, Inc.
241 First Avenue North
Mineápolis, MN 55401, EE. UU.

Si desea averiguar acerca de niveles de lectura y para obtener más información, favor consultar este título en www.lernerbooks.com.

Fuente del texto del cuerpo principal: Aptifer Sans LT Pro.
Fuente proporcionada por Linotype AG.

Library of Congress Cataloging-in-Publication Data

The Cataloging-in-Publication Data for *El uso de la fuerza y la lucha contra la violencia policial* is on file at the Library of Congress.
ISBN 978-1-7284-7433-5 (lib. bdg.)
ISBN 978-1-7284-7469-4 (pbk.)
ISBN 978-1-7284-7470-0 (eb pdf)

Fabricado en los Estados Unidos de América
1-52029-50542-12/8/2021